IMPRIMERIE ET FONDERIE DE J. PINARD,

RUE D'ANJOU-DAUPHINE, N° 8.

FRAGMENS

POLITIQUES

ET ADMINISTRATIFS.

PARIS.

LEVAVASSEUR, PALAIS-ROYAL ;

ET CHEZ LES MARCHANDS DE NOUVEAUTÉS.

1831.

FRAGMENS

POLITIQUES

ET ADMINISTRATIFS.

A la mort de Louis XVIII, le gouvernement occulte qui s'était emparé des dernières années du règne de ce prince, et les avait exploitées à son profit, monta au trône et devint tout-puissant. La royauté était pour lui. Cependant la nation s'était prononcée avec une telle unanimité contre les intrigues des hommes de l'ancienne monarchie, dont les principes tendaient à détruire toutes les concessions faites par Louis XVIII, que

les chefs de ce parti mystérieux se dé-
cidèrent à ne point se montrer au
grand jour, et à se tenir encore, pendant quelques années, à l'abri, derrière
le rideau de la légalité. C'est alors
qu'eut lieu le serment de Reims. Dans
cette cérémonie, où furent déployées
toutes les pompes de la monarchie,
unies à toutes celles de la religion,
Charles X jurá qu'il observerait fidèle-
ment la Charte constitutionnelle, et qu'il
gouvernerait le peuple confié à sa garde,
disait-il, *par elle et avec elle*. La nation entendit ce serment; elle y répon-
dit par des acclamations : elles étaient
sincères; et le prince qui se fût appuyé
sur les lois, qui n'eût voulu user de son
autorité que pour favoriser l'essor qu'a-
vait pris la nation, ce prince n'eût jamais vu se soulever contre son trône les
flots populaires, qui, dans les trois jour-

nées de juillet, ont brisé un sceptre, détruit un ordre social entier, et reconstruit la société sur de nouvelles bases. Au sortir de la cathédrale de Reims, les desseins de la faction avaient déjà repris tout leur empire : un ministère corrupteur, ami des fraudes et de la ruse, avait commencé son travail. Ce travail dura plusieurs années. Vers la fin, à la ruse il voulut joindre la violence. Le licenciement de la garde nationale, acte de colère, fait entièrement dans l'intérêt d'un homme, commença ces hostilités patentes qui, trois ans plus tard, devaient remettre la révolution aux prises avec la monarchie de Louis XVIII. Toutefois, un éclair de raison se fit jour jusqu'à l'esprit du monarque. Un ministère de transition fut essayé; il ne put résister à la haine des courtisans, à l'ambition d'un favori, à l'activité d'un parti; il fut sacrifié. Le 8 août, des hommes dont les noms seuls étaient un manifeste, vinrent prendre place sur les bancs des ministres : les Polignac, les Labourdonnaye, les Bourmont, furent nommés les intermédiaires entre le monarque et son peuple. Dès lors on put prévoir que le dernier jour de la monarchie des Bourbons était arrivé. Le masque était levé : on en voulait à la liberté de tout le peuple; et c'était la révolution de 89 qu'on voulait anéantir; mais la France, avertie du danger par les organes de la presse, se mit en défense, et le plan d'une résistance légale fut organisé rapidement sur tous les points du royaume. Un élan libéral, à la fois sage et énergique, porta bientôt des fruits tels, que le gouvernement crut devoir les peindre sous les couleurs de l'insurrection. Cependant la guerre d'Alger a lieu; nos soldats, braves comme sous le soleil des Pyramides, comme sous celui d'Austerlitz, renversent en quelques jours la puissance du Dey, et reprennent sur des barbares l'ancien pays de Mauritanie. Le parti hostile à la masse considère ce glorieux événement comme un pronostic de son propre triomphe; il pense que lui aussi peut essayer un 18 brumaire, il croit tenir en sa main la force et la puissance de Bonaparte..... Le coup d'Etat qu'il annonce depuis un an, il le tente : le 26 juillet, le *Moniteur* publie des ordonnances qui détruisent la Charte, paralysent l'industrie et le commerce, étouffent la presse, et font du peuple français une nation ramenée violemment au temps du pouvoir absolu. A ce signal, le peuple de Paris s'émeut : de la stupeur il passe à l'indignation; sa colère s'allume; les troupes se présentent, elles tirent, le sang coule : alors une résistance terrible s'organise. La foule se précipite sur les régimens, la lutte devient effroyable : trois jours la victoire se balance d'un parti à un autre. Le peuple a commencé sans armes, il en a conquis cependant, il a forcé les arsenaux, il a pris les fusils, les canons de la garde royale, de cette garde qui, trompée par un faux point d'honneur, combat contre son pays, combat contre elle-même. A force de courage, à force de sang, ce peuple devient le maître; l'oriflamme aux trois couleurs est salué par les acclamations de la multitude, désormais c'est le drapeau national.

Jamais révolution ne s'est opérée avec autant d'ensemble, jamais l'ordre n'a été conservé avec un respect aussi religieux, au milieu du désordre ; jamais peuple ne s'est montré plus grand par sa force, plus fort par sa modération. A présent que les travaux des législateurs ont repris leur cours, la France attend le prix de son sang et de ses sacrifices. Elle veut que des lois de liberté viennent prêter leur appui à la Charte de 1830, et qu'elles fécondent les principes constitutionnels. La voie est ouverte à toute espèce de perfectionnement. Nous sommes à une époque de progrès en tous genres : progrès politiques, progrès moraux, scientifiques, industriels, agricoles, philosophiques ; nous ne reconnaissons de limites que là où le désordre commence ; car le peuple qui a consommé si rapidement l'œuvre quarantenaire de la révolution, en faisant de la liberté a su faire de l'ordre, et sa belle conduite pendant le mouvement de juillet est une protesta-

tion non équivoque contre les calom-
nies dont quelques esprits craintifs vou-
draient le charger.

En jetant un coup d'œil rapide sur
les points principaux qui sont encore à
traiter par la législation , nous montre-
rons que la modération de ce peuple,
dans la victoire , ne s'est point altérée
depuis , et qu'il ne demande après ses
triomphes que ce qu'il réclamait aupara-
vant , la liberté appliquée avec franchise
à toutes les institutions de la France.

———

Au milieu du mouvement produit
par les événemens de juillet, la Chambre des Députés a craint de juger avec
trop de précipitation l'un des points
les plus graves de la législation politique. Elle a reculé devant l'application

rigoureuse d'une conséquence du nouveau système, et elle a légué à la Chambre de 1831 la tâche difficile de décider du sort de l'hérédité de la pairie. Quels que soient les motifs qui l'ont guidée, la timidité qu'elle a ressentie tout à coup, au moment d'une discussion aussi importante, était fondée sur de faibles raisons, peut-être sur d'anciens préjugés dont on n'avait pu encore s'affranchir. Depuis, la réflexion semble lui être venue, et l'on peut penser qu'elle en est déjà à regretter de n'avoir point osé achever son ouvrage. Lorsqu'elle avait détruit tout un ordre social, chassé une dynastie, relevé un trône, et déclaré que la souveraineté nationale était désormais la source de la légitimité du monarque, elle avait pris un rôle assez hardi pour tirer une conséquence de plus du principe admis, en abolissant l'hérédité de la pairie. Par suite des événemens et de sa conduite faible et timorée, la Chambre des Pairs était sans force, et la Chambre des Députés était seule constituante ; c'était la nation. Le moment était opportun, il eût fallu le saisir ; et nous ne serions pas obligés aujourd'hui de réclamer, en présence d'un corps reconnu comme partie intégrante du pouvoir souverain, l'abolition de l'un de ses priviléges : on lui eût épargné cette pénible situation.

Qu'est-ce que la pairie ? C'est un grand corps de l'État, destiné à modérer l'action réciproque des deux autres pouvoirs avec lesquels il concourt à former le pouvoir législatif. Il doit représenter la sagesse et l'expérience surtout de la nation, en réunissant dans son sein tous les hommes qui, par leur haute capacité, leur vaste influence, ou les services éminens rendus à l'Etat, ont attiré l'attention de leurs concitoyens. Cette Chambre doit être comme un sanctuaire où iront se réunir toutes les illustrations de l'époque. Voilà comme nous pouvons concevoir l'institution de la pairie; mais en faire un corps héréditaire et privilégié au milieu d'une nation qui a conquis l'égalité absolue, vouloir la donner en patrimoine à quelques familles dont les chefs actuels peuvent offrir des garanties, mais que leurs fils remplaceront un jour par la force seule de leur droit, cela nous semble en désaccord avec les principes de notre époque. L'hérédité, en outre, constitue une injustice réelle envers ceux qui, par leurs services, méritent cette haute distinction. On ne pourrait nous opposer que l'exemple de l'hérédité de la couronne; mais on doit se souvenir que ce dogme politique n'a été admis que dans l'intérêt seul de la nation, qui veut, avant tout, de la stabilité dans ses institutions, et qui a créé, pour ce fait seul, un privilége unique. Il n'en est pas ainsi de la pairie ; son hérédité conservée ne serait qu'un préjugé qui s'élèverait contre elle, et qui l'isolerait encore davantage d'une nation dans laquelle elle n'a jeté aucune racine. Que la Chambre des Pairs subisse donc en entier la réforme politique ; qu'elle soit mise, par une loi, à la hauteur de notre nouvelle Charte ; que l'hérédité soit abolie ; que les colléges électoraux soient appelés à former des listes de candidats pris parmi les capacités du pays ; que le Roi choisisse et qu'il leur donne l'institution sénatoriale ; alors la pairie, ravivée dans l'esprit public, recevra de l'opinion une sanction éclatante, et sera appelée à ressaisir ce degré d'influence qu'il est nécessaire qu'elle obtienne, pour que les mouvemens du gouvernement représentatif soient complets et réguliers. Loin de l'affaiblir, cette grande mesure lui redonnera de la force et la rattachera à la nation.

L'aristocratie du talent, l'aristocratie des services rendus, sont désormais les seules que nous puissions reconnaître. Tout autre privilége, même celui de la fortune, s'éteint de lui-même, et il faudrait sans doute supprimer l'hérédité des titres, comme une conséquence naturelle de l'abolition de l'hérédité de la pairie, car nous n'attachons plus de prix à ces vaines distinctions de titres et de classes, que la féodalité nous a laissées pour souvenirs.

Une loi électorale qui soit en harmonie avec les besoins actuels et les circonstances politiques de notre époque, est encore à faire. Plusieurs théories ont été présentées ; aucune d'elles n'a encore reçu l'assentiment public ; cependant une majorité imposante se prononce pour que la base de l'électorat soit élargie. Ceci nous semble conséquent avec la Charte de 1830 , non moins qu'avec la royauté des Français. La liste du jury, qui réunit à la fois sur ses colonnes le propriétaire payant un cens déterminé et offrant par cela même des garanties suffisantes, le notaire, l'avocat, le médecin, le professeur, les fonctionnaires publics, présentant également, par leurs lumières et les charges qu'ils exercent, des motifs d'une juste confiance, cette liste doit former celle des électeurs. A ces divers élémens, si

vous ajoutez , d'un côté , les membres
de la Légion - d'Honneur, qui doivent
bien avoir acquis le droit de concourir
à l'élection des mandataires du peuple;
de l'autre, les maires et les officiers municipaux nommés par élection directe ,
afin que les citoyens dont le cens est le
plus faible puissent avoir une part quelconque à l'élection des représentans de
la nation , vous aurez un système électoral à peu près complet. Par là , tous
les intérêts seront satisfaits , et tous les
hommes dont la fortune ou les lumières peuvent être utiles , étant con-
sultés, arriveront aux colléges électoraux
pour examiner les titres des candidats
et pour faire triompher les plus dignes.
A la suite de la crise que nous venons de
subir, il serait imprudent peut-être d'a-
baisser le cens outre mesure ; la vieille
monarchie en tombant a laissé quelques

regrets après elle, parmi le clergé surtout. Ces souvenirs, dans certains départemens de l'ouest et du midi, exercent encore quelque puissance sur les esprits dociles des habitans des campagnes, dont les principes religieux n'ont été que faiblement ébranlés par nos quarante années de révolution. L'abaissement du cens ne profiterait qu'à cette classe seule de citoyens, et amènerait, par conséquent, dans les colléges électoraux, des masses d'électeurs des communes rurales, qui, sous l'influence d'une aristocratie blessée et d'un clergé mécontent, pourraient affecter les majorités libérales. Les élémens tout nationaux dont se compose la liste du jury, ne seraient peut-être pas un contrepoids suffisant. Laissons agir le temps et le progrès des lumières ; lorsque, par l'effet naturel de notre nouveau système de gouvernement, cette double influence aura perdu de son despotisme, et que l'instruction, généralement répandue, aura éclairé les habitans de nos villages sur leurs vrais intérêts, alors il sera temps d'abaisser considérablement le cens ; ce sera non seulement une justice, mais encore une nécessité, car la première et la plus rigoureuse conséquence de la révolution de juillet, est d'appeler à une intervention quelconque dans le gouvernement, tous les citoyens quels qu'ils soient, à mesure qu'ils arrivent à un certain degré d'instruction. Reste à décider la question de l'abaissement, ou plutôt de l'annulation du cens de l'é-ligibilité. Les meilleurs esprits sont partagés sur ce sujet ; et même dans le sein de la section de gauche, les opinions ne sont pas unanimes. Cependant une réflexion semble devoir dominer toutes les autres : si les électeurs offrent des garanties suffisantes pour que la nation leur confie le droit de nommer les membres du corps législatif ; si leur capacité ou leur fortune, qui font leur droit, vous assurent de la bonté des choix qu'ils sont appelés à faire, je ne vois pas quel motif plausible on pourrait alléguer pour circonscrire ce même droit dans des limites qui nous sembleraient bien étroites après notre grande révolution et l'adoption du principe de la souveraineté populaire. Cette défiance serait injuste ; et lors même que la loi prononcerait que tout électeur serait éligible, je suis assuré que le bon sens et que l'intérêt des électeurs ne choisiraient pour représentans que des hommes dont la position sociale, non moins que le caractère et les opinions, les mettraient à l'abri des séductions du pouvoir : et

d'ailleurs, des engagemens d'honneur
seront probablement demandés doré-
navant à chaque député, et ces engagemens, qui seraient comme le sceau de
leur élection, ne sauraient être rompus,
éludés, sans que l'opinion ne s'attachât
aussitôt à flétrir le mandataire infidèle.
Seulement, afin qu'un mandat d'une si
haute importance ne soit pas ambitionné
par l'intrigue, il serait à désirer qu'on
ne reproduisît plus le projet d'accorder
un traitement aux membres du corps
législatif. Quelque faible que fût ce traitement, il tenterait nécessairement la
cupidité, et nuirait à la considération
de la Chambre. En un mot, le corps
électoral devant être l'expression réelle
de la raison publique, fiez-vous à lui
pour n'envoyer à la Chambre que des
hommes dignes de lui et de la France.
Il est encore une disposition importante

que doit contenir la loi définitive, celle qui prescrirait l'augmentation du nombre des députés mis plus en rapport avec l'étendue de notre population. Si nous prenons pour terme de comparaison l'Angleterre, nous verrons que douze millions d'individus envoient, pour les représenter, six cent soixante-six députés ; tandis que la France, qui possède trente-deux millions d'habitans, n'élit que quatre cent trente mandataires. Ceci demande une amélioration, elle est indispensable, l'opinion la réclame. Soit que vous éleviez le nombre des députés à six ou à huit cents, il sera nécessaire que vous établissiez une autre circonscription électorale, ou plutôt que vous adoptiez un mode plus simple et plus juste pour la répartition des députés qui doivent être élus par les diverses fractions d'électeurs. Ce mode qui, sans établir de privilége ou d'inégalité , soit entre les électeurs , soit entre les arrondissemens , satisferait à tous les intérêts , nous paraît simple et facile à établir ; il a déjà été indiqué par quelques bons esprits : il ne s'agirait que d'attribuer à un certain nombre d'électeurs le droit de nommer un député ; par ce moyen , vous établissez une parité absolue entre tous les électeurs : qu'ils habitent soit un grand centre de population, soit un arrondissement pauvre, où le nombre des électeurs est restreint, ils se trouveront posséder un droit parfaitement égal. La population politique devient alors la base de la distribution électorale, et les chiffres du total de chaque fraction du corps électoral se trouveront représenter tous la même valeur.

Dans la loi transitoire sur les élections, que la Chambre des Députés a adoptée, elle a reculé devant la franche application d'un principe qui tôt ou tard doit triompher de tous les raisonnemens qu'on lui oppose. Les députés promus pendant la législature à des fonctions publiques, seront soumis à la réélection, dit la loi. Ce n'était point ainsi qu'il fallait s'exprimer. Acceptant tout entier le principe vrai qui a dicté cette disposition, il fallait dire : « Aucun « fonctionnaire public ne pourra exer« cer les fonctions de pair ou de dé« puté. » Un Député, promu à des fonctions par le gouvernement, et renvoyé à la Chambre par une réélection, se trouvera, malgré le nouveau mandat de ses concitoyens, dans la situation la plus embarrassante; placé entre sa conscience qui lui parlera au nom du pays,

et son penchant à écouter favorable-
ment ce qui viendra du pouvoir, il
adoptera probablement une de ces mar-
ches équivoques qui rendent nulle
toute la bonne volonté du mandataire.
Si, au contraire, les membres du corps
électoral, dominés par une juste défiance, refusent au nouveau fonctionnaire de lui continuer son mandat, c'est
une sorte d'affront qui rejaillit sur le
poste qu'il va occuper, et qui le décon-
sidère à demi dans l'esprit de ses admi-
nistrés. D'autre part, ne trouve-t-on pas
qu'il y aurait un grave inconvénient à
priver pendant une partie de l'année
les administrations des chefs qui les di-
rigent? Les préfectures, les parquets des
Cours royales, les mairies des grands
centres de population, ne seraient plus
alors que des espèces de sinécures dont
plusieurs, loin de profiter au bien pu-

blic, chargeraient le trésor en paraly-
sant les affaires des particuliers. Ajou-
tons qu'un ministère représenté dans
les Chambres par une nuée de fonctionnaires sous ses ordres, se juge lui-
même, se donne des lois par sa propre
bouche, s'adjuge ainsi commodément
l'assentiment de la France, et se garde
bien de jamais condamner ses actes, et
partant, de rien changer à la marche de
son système. Aujourd'hui la Chambre
des Députés doit appartenir à la France,
à la France seule. Les hommes qui la
composeront doivent être libres de tout
engagement avec le pouvoir, afin qu'ils
puissent monter à la tribune chaque
fois que, pressés par leur conscience,
ils croiront devoir demander une amélioration ou la réforme d'un abus. Par
suite de ce nouveau système, utile plus
encore à la couronne qu'au pays, le

prince ne pourra se tromper sur la véritable direction de l'opinion ; il pourra dire : la nation est là, c'est sur cette majorité que je dois appuyer mon gouvernement; et l'on n'aura plus à craindre ces méprises funestes qui peuvent être si nuisibles à l'action régulière des gouvernemens représentatifs. Le prince et la nation se connaîtront, s'apprécieront, et marcheront d'un pas égal et ferme vers leur but commun : la prospérité du pays.

Si la loi électorale est attendue avec impatience, les lois départementale et municipale ne sont pas désirées moins vivement. Il est un principe en matière électorale qui semble avoir été méconnu : c'est qu'à mesure que l'autorité des fonctionnaires élus par le peuple se rapproche des citoyens, et que son action se fait sentir d'une manière plus directe, la base de l'élection doit être étendue, et le cens doit aussi se rapprocher davantage de l'élection générale ou des assemblées primaires. Si ce dernier mode ne peut être admis quant à présent, sans que le repos de la société en soit ébranlé, il est utile cependant de s'en écarter le moins possible, en évitant les inconvéniens qui peuvent en résulter. Ainsi les conseils généraux étant appelés à exercer leur mandat sur des objets plus déterminés, étant destinés à donner leur avis sur des choses plus spéciales, discutant enfin sous les yeux immédiats de leurs concitoyens des intérêts limités dans la circonscription départementale, ne peuvent être élus par les élémens qui composent la liste du jury. Les détails dont ils sont chargés touchent à un plus grand nombre d'intérêts; et ces divers intérêts concourront, si la législation est juste, à l'élection des membres des conseils de département. En adjoignant à la liste du jury, formant la liste électorale, tous les électeurs payant dans le département 60 ou 80 fr. de contributions directes, on étendrait suffisamment, pour le temps présent, la base électorale, et tous les intérêts se trouveraient représentés. Le peu d'utilité des conseils d'arrondissement est tellement prouvée, que je ne pense pas qu'ils survivent à la session de 1831. Quant au nombre des membres et à la forme de l'élection, chaque canton aurait le droit de nommer son représentant au conseil général, comme chaque arrondissement possède le privilége de nommer un député : l'élection se ferait par canton, et chaque liste cantonnale ne contiendrait que les noms des électeurs domiciliés dans le canton. Les attributions de ces conseils, une fois qu'ils seront l'expression véritable du vœu départemental, demanderont à être étendues. Ce chapitre exigerait de plus longs développemens, mais la discussion législative l'éclairera sans doute. C'est ici qu'il faut attaquer le principe vicieux de la centralisation, et rappeler au gouvernement, que les libertés départementales ne sont pas moins précieuses aux peuples que ces vastes libertés qui appartiennent en commun à Paris et à la France. A cette élection, à cette réforme, il faudra ajouter l'élection municipale. L'organisation des municipalités animera, pour ainsi dire, la liberté dans chaque commune, et la fera comprendre, en lui donnant le mouvement, à des hommes qui, jusqu'à ce jour, ne l'ont connue que de nom. L'assemblée municipale, investie du droit d'élire, doit être, à notre avis, une réunion de famille où les citoyens, réunis sous la présidence de l'un d'entre eux, procèdent à la nomination des gérans, des tuteurs de la communauté. En fécondant cette idée, elle appellera au droit électoral tous les citoyens domiciliés, et dont les intérêts, quelque minimes qu'ils soient, seront placés sous la sauvegarde de l'autorité à élire : ce mandat étant le plus direct, le plus limité, et s'exerçant de la manière la plus immédiate, sera nécessairement conféré par le plus grand nombre de citoyens possible. Toutefois, le cens ne doit pas être le même pour les grandes villes que pour les communes rurales.

Dans les villes dont la population s'é-
lève au dessus de 3,000 ames, si on
fixe le cens à 40 fr. environ, on l'abaisse
suffisamment pour donner entrée dans
l'assemblée à tous ceux qui offrent des
garanties d'un choix sage ; tandis que
dans les communes rurales, si on l'a-
baisse à 10 ou 15 fr., on ne fait que
consacrer pour le petit cultivateur un
droit que ses habitudes d'ordre et de travail ne sauraient rendre dangereux pour
la société. Après avoir organisé l'ensemble des assemblées municipales, il faut
fixer le nombre des magistrats qu'elles
auront à élire. Ici se présentent deux
systèmes différens qui, l'un et l'autre, ont leurs avantages et leurs inconvéniens. Le premier, voulant laisser
au pouvoir une légitime intervention
dans la nomination des agens municipaux, voudrait que les électeurs com-

munaux nommassent le conseil muni-
cipal, en y ajoutant deux ou plusieurs
noms, suivant que la commune aurait
à sa tête un maire et un adjoint, ou un
maire et plusieurs adjoints, et que le
gouvernement fût appelé à choisir
parmi ces élus les officiers municipaux,
le maire et les adjoints : par ce moyen,
ce serait toujours en définitive le peuple
qui nommerait, et cependant le gouvernement conserverait une part indirecte à la nomination. L'autre système,
plus franc dans sa marche, remet pu-
rement et simplement à l'assemblée
municipale le droit de nommer conseil,
maire et adjoints. Ce dernier est sans
contredit préférable. Il émancipe enfin
les communes de la tutelle outrageante
dans laquelle elles ont été tenues depuis si long-temps. S'il n'offre aucun
inconvénient pour les villes, où les

lumières des citoyens les défendraient
de tout mauvais choix, il pourrait en
présenter pour les campagnes, où de
vieux préjugés exerceraient encore de
fâcheuses influences. Peut-être serait-il
convenable aujourd'hui d'adopter le
premier pour les villes, et le second
pour les communes rurales, en statuant
une révision de cet article dans un laps
de temps déterminé, assez long cependant pour que l'instruction ait pu exercer son action sur les peuples des campagnes. On comprendra sans peine que
les attributions des conseils municipaux
doivent être considérablement augmen-
tées, et que le temps est venu de rendre enfin aux communes la libre disposition de leurs biens, de les arracher
à cette surveillance injurieuse plus
encore que gênante qui les blesse dans
leurs droits et les arrète dans toutes

leurs opérations. Je ne vois pas par quels motifs on refuserait à une commune qui possède au même titre qu'un particulier, l'exercice facultatif du droit de propriété. L'opinion publique réclame avec force une loi qui rende aux départemens et aux communes la faculté de disposer de leurs biens , de leurs bois , de leurs revenus particuliers , et qui leur permette de gérer leurs affaires par leurs délégués seuls , sans l'intervention des agens de l'autorité supérieure. L'administration des eaux et forêts ne peut être conservée que pour l'administration des forêts de l'Etat et des grands cours d'eau qui sont du domaine public ; mais les bois des communes doivent être rendus à leur juridiction , et je m'étonnerais qu'on osât motiver une hésitation sur la crainte qu'une réunion de propriétaires, de cultivateurs, ne vînt à diriger dans un sens de détérioration l'administration des coupes communales ! Plus de centralisation : le droit de s'administrer par elles-mêmes, voilà ce que demandent les communes ; et ce sont de ces libertés tellement justes et si bien consacrées par le bon sens général, qu'il est temps enfin que la France les obtienne.

Une loi importante est encore attendue. Elle est la seule garantie de la nation contre les actes du gouvernement qui viendraient à la blesser dans ses droits ou dans ses intérêts : c'est la loi sur la responsabilité des ministres. Elle sera, nous le pensons, franche, loyale, sans arrière pensée. Les ministres à venir seront mis dans l'impossibilité d'échapper à l'application de ses dispositions pénales, si jamais ils étaient appelés à rendre compte de leur conduite, et à être reconnus coupables. Ce n'est pas que nous prétendions entourer de défiances injustes, de piéges et de craintes les agens du pouvoir ; loin de nous de semblables imputations : nous voulons que le ministre qui se conduit d'une manière patriotique et généreuse, qui se dévoue franchement au bien du pays, soit récompensé et apprécié par la nation qu'il aura servie, tout en désirant que les prévarications dont se rendraient coupables des ministres infidèles à leur serment, soient jugées selon leurs actes. Cette loi aura sans doute de nombreux articles : elle sera vivement discutée ; mais elle doit avoir encore des conséquences plus larges que celles sur lesquelles nous avons attiré l'attention publique. Elle doit entraîner avec elle la responsabilité réelle des agens secondaires du pouvoir, au moins d'une manière indirecte; en émancipant la presse départementale, en lui enlevant les droits de timbre, en affaiblissant son cautionnement, en la favorisant par divers moyens, on donnera enfin de la publicité aux actes de l'autorité, et un contrôle légitime pourra s'exercer dans les provinces comme à Paris. Dans cette capitale, la presse est grandement développée; mais dans nos départemens elle se trouve encore dans un état de langueur nuisible à la marche des idées progressives ; tout le secret de notre prospérité départementale est là. Répandez les journaux, donnez dans chacun d'eux des notions de politique simple, mais franche ; ajoutez-y des articles d'agriculture, d'industrie, d'économie politique , et tout en apprenant aux peuples des campagnes à devenir citoyens, vous favoriserez la prospérité générale. L'agriculture , qui est le fondement le plus solide des richesses de la France , a été négligée jusqu'ici par le gouvernement ; elle réclame aussi l'attention du pouvoir : des fermes modèles établies dans chaque département, sous l'influence de l'autorité, répandraient les bonnes méthodes , formeraient des cultivateurs instruits et novateurs. Des cours de chimie-pratique appliquée à l'agriculture , de botanique et autres , pourraient y être établis ; des pépinières y seraient attachées ; des jumens de race pourraient y être déposées , et contribuer par leurs extraits à améliorer la race de nos chevaux. Un Code rural enfin, si impatiemment attendu , compléterait l'ensemble des améliorations qu'elle demande ; toutefois, si le gouvernement se décidait à conclure promptement des traités, soit avec les puissances limitrophes, soit avec les états de l'Amérique du sud; ces traités favoriseraient l'exportation de nos produits, et imprimeraient au commerce une action plus rapide, tout en ajoutant à la prospérité de l'agriculture. L'abolition des monopoles, une activité plus grande et surtout plus suivie dans les travaux du cadastre, la réduction des traitemens des fonctionnaires publics, la diminution des frais de bureaux, des économies par masses et non pas en détail, et par suite l'allégement des impôts, satisferaient aux besoins des propriétaires, et leur rendraient l'aisance qu'ils ont perdue dans les dernières années.

La révision de la législation en général, révision qui fasse disparaître de nos Codes les lois bizarres des divers régimes qui se sont succédés depuis quarante années, et nous élève de plein vol à la hauteur de cette liberté que nous venons de conquérir ; la réforme de la magistrature, non pas par une rénovation complète, la Charte s'y oppose, et avant tout nous professons un respect religieux pour tous les droits ; mais par des moyens de discipline, de surveillance, par des mutations et des augmentations renfermées dans de justes limites ; les emplois enfin confiés à des hommes dévoués au système actuel, telles sont les dernières réclamations du pays.

———

Après quarante ans de vicissitudes, après avoir subi le despotisme de l'anar-

chie, celui du génie, après avoir triom-
phé de toute une partie du monde, et
s'être vu appeler la reine des nations;
puis, après avoir été vaincue, après avoir
porté sur son sol toute l'Europe armée
contre elle seule, la France enfin est
arrivée au port, elle a conquis la liberté, la liberté qu'elle a demandée à
Louis XVI, que Bonaparte lui a ravie
en lui faisant de la gloire, en lui jetant
des victoires pour consolations, que
les rois alliés lui ont promise, que
Louis XVIII voulait lui octroyer, que
Charles X a tenté de lui ravir, et qu'en
trois journées le peuple de Paris a su
faire triompher au milieu du sang et
de la dévastation. Sa conquête ne sau-
rait être une déception : elle saura la
défendre tout en la conservant pure
d'excès et d'anarchie; elle sera fidèle à
la devise de son armée citoyenne; elle

assurera le maintien de l'ordre par le développement de la liberté.

Le temps où nous vivons est fertile en miracles ; une ère nouvelle vient de surgir du sein de notre capitale : elle portera des fruits pour la France et pour l'Europe ; et si le passé jusqu'ici a été le domaine des rois , l'avenir désormais appartient aux peuples.

L. CHAPUYS-MONTLAVILLE.

FIN.

PARIS. — IMPRIMERIE DE J. PINARD,
RUE D'ANJOU-DAUPHINE, N° 8.